Felisa Tomé Ortega

Nueve cartas para Lisa

Ernst Klett Verlag
Stuttgart · Leipzig

1. Auflage 1 6 5 4 3 2 | 2015 14 13 12 11

Alle Drucke dieser Auflage sind unverändert und können im Unterricht nebeneinander verwendet werden. Die letzte Zahl bezeichnet das Jahr des Druckes.

Autorin: Felisa Tomé Ortega, Vigo

Redaktion: Elena Freire Gómez, Narón/La Coruña

Satz: Fotosatz Kaufmann, Stuttgart
Illustrationen: jani lunablau, Barcelona
Druck: Medienhaus Plump GmbH, Rheinbreitbach

Printed in Germany.
ISBN 978-3-12-538019-6

Índice

1 Vivo en Vigo

Querida Lisa:

En España también hay ciudades con niebla y viento. A lo mejor no te lo imaginabas, pero en España también hay muchísimas ciudades que no tienen plaza de toros.

Vigo es así, porque está en la costa norte y tiene un clima atlántico, es decir, no hace mucho frío y tampoco mucho calor, pero la verdad es que vemos muy poco el famoso sol de España. En invierno llueve. En primavera llueve. En otoño llueve también. En cambio, en verano, a veces no llueve.

Vigo no es tan grande como Berlín, pero aquí también hay cosas muy importantes: una gran fábrica de coches, el mejor pescado del mundo y muchos monumentos y estatuas. A mí me gusta la estatua de Julio Verne, que está cerca del mar. Ya sé que Julio Verne era un escritor francés, pero la gente quiso hacer esta estatua para él porque habla de Vigo en una novela muy famosa, *Veinte mil leguas de viaje submarino*. En ese monumento podemos ver al escritor sobre un pulpo, que es una comida muy típica de mi región. El pulpo, claro. Lo comemos con aceite y páprika, sin escritores encima.

Vigo está en esa novela por la historia de los galeones, que es una de las cosas que más me gustan de mi ciudad, así que te la voy a contar: Un galeón es un barco antiguo y la historia empezó en el siglo XVI, cuando aquí había un problema con los piratas ingleses, que atacaban la costa. El más famoso era Francis Drake, a lo mejor lo conoces. Como los piratas eran tan pesados, al final los vigueses empezaron también a atacar los barcos comerciales ingleses. Y esto no mejoró los proble-

---

10 **En cambio** stattdessen – 17 **veinte mil leguas de viaje submarino** 20.000 Meilen unter dem Meer – 18 **un pulpo** ein Krake – 23 **un barco** – ein Schiff – 27 **pesado, -a** aufdringlich

mas entre los dos países, claro. Al final, en una gran batalla, los ingleses atacaron unos galeones que venían de América con oro. La mayoría de los barcos se hundieron cerca de la costa de Vigo. Y allí están todavía, con todo el oro dentro. Muchas personas organizaron expediciones, pero nadie consiguió llegar a los galeones. Lo único que encontraron son tres anclas que ahora están en el parque de la ciudad. El oro todavía duerme en el fondo del mar. La leyenda dice que algunas tardes de verano, incluso se puede ver su brillo que da al cielo un color naranja.

Bueno, Lisa, te voy a decir adiós por hoy. Estoy muy contento con mi nueva penfriend y tengo que decir que escribes muy bien en español. Yo, en cambio, solo sé algunas frases en alemán, a lo mejor porque hace pocos meses que lo estudio. También es verdad que hace mucho tiempo que estudio inglés y no sé mucho más. En fin, los españoles no somos muy buenos con los idiomas. Espero tu respuesta. Un abrazo y hasta pronto.

Álex

a lo mejor – vielleicht

---

1 **una batalla** eine Schlacht – 3 **el oro** das Gold – 3 **hundirse** versinken – 6 **un ancla** ein Anker – 9 **el brillo** der Glanz – 11 **contento, -a** glücklich

2 Este soy yo

Querida Lisa:

Muchas gracias por las fotos, ya me imaginaba que eras rubia y con ojos azules. Aquí pensamos que todos los alemanes son así. Me parece muy interesante todo lo que haces: nadar, escalar, tocar el violonchelo… no sé cómo tienes tiempo para todo.

Yo también fui deportista. Cuando era pequeño, jugaba al tenis, pero no me gustaba levantarme temprano el fin de semana para ir a jugar. Siempre llegaba tarde y eso no le gustaba al entrenador. Además, creo que nunca gané un partido, así que actualmente, a mis quince años, estoy retirado de la competición.

A mí me encanta el fútbol, igual que a ti. Ya perdí dos dientes por este hobby, lo que demuestra que el fútbol es un deporte peligroso. Fue cuando el equipo de España ganó el campeonato mundial. Por la noche todo el mundo salió a la calle para celebrarlo, y yo también, con mis amigos. Todo el mundo fue a la plaza de América, con sus camisetas rojas, y cantaba y gritaba, y nosotros también. Todo el mundo se subió a una estatua muy alta que hay en esa plaza, y yo también. Creo que tampoco fui el único que resbaló, se cayó y se rompió algo. En el hospital había mucha variedad de lesiones.

Después de estas malas experiencias, ahora mi deporte favorito es estar en la cama y escuchar música. Escucho tipos de música muy diferentes, pero lo que más me gusta es el hardcore. Además, tengo una colección de discos antiguos con música de los años 70 que eran de mis padres. A mí también me encanta leer, sobre todo mangas. Además, tengo un amigo que dibuja muy bien y hacemos mangas entre los dos: yo

---

5 **parecer** finden – 10 **un entrenador** ein Trainer – 11 **retirado, -a** zurückgezogen – 13 **perder** verlieren – 14 **demostrar** beweisen – 15 **peligroso, -a** gefährlich – 21 **resbalar** ausrutschen – 21 **caerse** herunterfallen – 21 **romperse** sich etwas brechen – 22 **una lesión** eine Verletzung

escribo las historias y él hace los dibujos. Te envío con esta carta el primero que hicimos, lo lees y me dices qué te parece en tu contestación.
Los fines de semana quedo con mis amigos. A veces vamos al cine o a jugar al futbolín, pero normalmente no hacemos nada especial, quedamos en el parque o, si llueve, en el centro comercial. Lo pasamos bien juntos.
En verano me encanta ir a la playa. Vigo tiene unas playas estupendas, con arena blanca y con agua muy limpia. Claro que el contacto con la naturaleza también tiene sus pequeños problemas, como medusas y otros animales que pican. También hay gente que dice que el agua de nuestras playas es fría, pero para ti, que eres del norte, seguro que es perfecta.
El año pasado fui por primera vez a las islas Cíes, que están enfrente de Vigo y son un parque natural. Allí está la playa de Rodas. Un periódico inglés, *The Guardian,* dijo que era la playa más bonita del mundo, aunque nosotros no vamos a perdonar la historia de los galeones sólo por eso…
Te envío unas fotos. Vas a ver que físicamente soy un español bastante típico, moreno y con ojos marrones. Me gustaría ser menos delgado. Mido 1,75, que en España es ser bastante alto, aunque ya me imagino que en Alemania no.
Bueno, me despido. Un beso muy fuerte.
Álex

---

5 **jugar al futbolín** Tischfußball spielen – 9 **la arena** der Sand – 17 **perdonar** verzeihen

3 Mis amigos

¡Hola, Lisa!

Me dices en tu carta que te gustó el manga que te envié. Estoy muy contento, es una cosa importante para mí. Gracias por tu CD de grupos alemanes, no conocía a ninguno y me encantan. Tenemos gustos muy parecidos.

Yo también creo que los amigos son muy importantes en la vida, por eso hoy voy a hablarte de los míos. En la foto que te envío estoy con mis compañeros de clase, entre ellos están mis mejores amigos: Óscar, Nelson y Vane. El chico que está a mi lado, más bajo que yo y un poco gordito es Óscar, el que dibuja mangas. Somos amigos desde que éramos pequeños. Él, su perro y yo siempre estamos juntos. Lo que más le gusta a Óscar, después del manga, es el chocolate, siempre lleva un poco en el bolsillo.

El chico mulato con gafas de sol que está detrás de Óscar es mi amigo Nelson. Es brasileño y juega muy bien al fútbol. La gente dice que los brasileños son muy abiertos y simpáticos, pero él es reservado. Hace poco tiempo que vive en España, por eso todavía no habla bien en español. La verdad es que el portugués y el español son parecidos, pero a veces esto no ayuda. Por ejemplo, Nelson siempre está diciendo que todo es «espantoso», que en portugués significa «excelente», «muy bonito». Pero en español «espantoso» significa «horrible», «muy feo», así no está muy bien decirle a una persona que su perro, su ropa o su cantante favorito son «espantosos».

La chica bajita y pelirroja, la que tiene los ojos azules y va con ropa negra es Vane. Es muy graciosa. Como tú, estudia música. Ella toca la guitarra. Pero es malísima con la ortografía

---

6 **parecido, -a** ähnlich – 12 **desde que** seit – 13 **juntos** zusammen – 15 **un bolsillo** eine Tasche – 16 **mulato, -a** dunkelhäutig

y no tiene ni idea de cómo se escriben las palabras más normales. La palabra «felicidad», puede ser «felizidá» o «felisidá» o cosas peores. Ya ves, escribir en español es más difícil para algunos españoles que para los extranjeros.
Yo quiero mucho a mis amigos y normalmente me llevo bien con todo el mundo. De mi clase, solo Borja no me cae bien, es el que está a la derecha del profesor. Es muy bueno con los ordenadores y no habla con nadie porque piensa que él es el más inteligente de todo el instituto.
Vas a conocerlos a todos en junio. Ahora estamos todos muy ilusionados con nuestro viaje de fin de curso a Berlín. Va a ser estupendo. Yo tengo muchas ganas de ir, porque el único país extranjero que conozco es Portugal. Además, Berlín parece una ciudad muy interesante. También quiero ir para practicar alemán y, ahora, para conocerte a ti en persona.
No muchos chicos estudian alemán en España. Yo lo hago porque mis abuelos vivieron en Alemania en los años 70 y allí aprendieron un poco de alemán y otras cosas interesantes, como la receta del *Strudel*. Todavía hoy, a mi abuela le encanta decir cosas en alemán, pero ahora que aprendo alemán, creo que se inventa las palabras. Ya ves que tiene cosas un poco raras. Yo vivo con ella y es una mujer con mucho carácter. Dice que si no apruebo todo el curso, no voy a ir a Berlín y si ella lo dice… ¡mejor aprobar todo!
Bueno, Lisa, escribe pronto. Un abrazo.
Álex

---

4 **un extranjero** ein Ausländer – 5 **llevarse bien** gut auskommen – 6 **no caer bien** nicht leiden können – 21 **inventarse** sich ausdenken – 23 **aprobar** bestehen

4 Planes de excursión

¡Hola, Lisa!
Todas las cosas que cuentas en tu carta son estupendas. A mí también me gustaría ir una semana a la nieve, como hacéis en tu instituto. Aquí nunca nieva porque no hace mucho frío. Creo que a mí también me gustaría esquiar. Ya puedo imaginar cómo bajo por las montañas, el viento en la cara, rápido, más y más rápido… pero la verdad, ahora que lo pienso, parece un poco peligroso. A lo mejor también se está bien en una cafetería, y se puede mirar las montañas y ver cómo se cae la gente que esquía.
Nosotros también vamos a hacer una excursión con el instituto. Vamos a Santiago, una ciudad que está a 100 kilómetros de Vigo. Santiago es una ciudad antigua y bonita, con una catedral muy famosa. Muchos turistas visitan la ciudad, algunos vienen desde muy lejos. Hay un camino desde los Pirineos hasta Santiago. Va por el norte de España y se llama Camino de Santiago. La gente va a pie o en bicicleta. Ya te puedes imaginar que, así, son treinta días o más de viaje, por eso en el camino hay muchos albergues para dormir, que son casi gratis.
Nosotros vamos a hacer 10 kilómetros a pie. No es mucho, pero ya sabes que yo sólo hago deporte con la imaginación, así que todavía no sé cómo voy a llegar. Nuestro profesor de educación física siempre está diciendo que no vamos a poder y que vamos a quedarnos en el camino. A lo mejor le gustaría dejarnos allí y no vernos más, no sé. A veces se enfada mucho con nosotros.
Hay muchas historias sobre Santiago. Dicen que el arquitecto que hizo la catedral, el maestro Mateo, hizo una estatua con su cara. Ahora la gente que visita la catedral toca la estatua

---

6 **esquiar** skifahren – 7 **la cara** das Gesicht –27 **enfadarse** sich ärgern – 31 **tocar** anfassen

el peligrino - der Pilger

para ser tan creativa en su trabajo como el maestro Mateo. No sé si funciona, pero la tocan tanto que la pobre estatua casi no tiene cara.

Otra historia interesante es la del asesinato del arzobispo. En Santiago hay en el barrio antiguo dos calles grandes y muchas calles pequeñas. En el siglo XV, las calles grandes eran tres. En aquella época, el arzobispo de Santiago y un hombre de una familia muy rica estaban enamorados de la misma mujer. El rico quería asesinar al arzobispo, y por eso dio dinero a unos hombres que lo atacaron en la calle, en esa que ya no hay. Las noticias llegaron rápidamente al Papa de Roma, que, enfadado, dijo que había que cerrar esa calle para siempre. Por eso, ahora las calles grandes del barrio antiguo son sólo dos.

Bueno, creo que ya está bien de historias. Me apetece mucho ir a Santiago, pero, claro, me apetece mucho más ir a Berlín al final del curso. Normalmente soy muy vago, pero ahora estoy estudiando mucho para poder ir al viaje y no tener problemas con mi abuela. Voy bien en casi todas las asignaturas, sobre todo en alemán. La profesora está muy contenta conmigo y dice que tengo mucho interés y que estoy aprendiendo mucho. Mi tutora, que es mi profe de Lengua y Literatura española, dice que es la primera vez que un profesor habla tan bien de mí. En su asignatura también voy muy bien, porque me gusta leer y escribir. Sólo tengo problemas con física y química. La verdad es que quería estudiar un poco esta noche para un examen que tengo el jueves, pero ahora creo que mejor voy a acostarme. Arquímedes puede esperar.

Un abrazo y hasta pronto.

Álex

---

4 **un asesinato** ein Mord – 4 **un arzobispo** ein Erzbischof – 8 **enamorado, -a** verliebt – 12 **cerrar** zumauern – 17 **vago** faul

5 En Santiago

¡Hola, Lisa!

Es verdad que me gustan las historias, pero no tengo tanta imaginación como dices. Yo solo te cuento cosas que antes me contaron a mí. Como hoy no tengo ninguna historia especial, te cuento qué pasó en la excursión a Santiago.

El profe de educación física no podía creerlo, pero hicimos los 10 kilómetros. Nelson, Vane, Óscar y yo fuimos los últimos, porque tuvimos que parar tres veces para coger fuerzas con el chocolate de Óscar. Óscar llevaba chocolate para todos, cuatro paquetes. Tres eran para él y el otro para Vane, Nelson y para mí. Al final, Óscar comió sus paquetes antes que nosotros y tuvimos que darle también un poco de nuestro chocolate.

En Santiago los profes nos dieron unos papeles con mapas e información sobre el barrio antiguo. Nos dijeron que los grupos tenían que encontrar algunas cosas: un fantasma, un chico con un cuchillo en el cuello, un hombre con el mundo en la espalda, una mujer con una cabeza en la mano... todo muy misterioso. Nosotros no entendíamos aquellos mapas, y tampoco las explicaciones de los profesores, la verdad, pero nos pareció bastante gracioso buscar cosas así.

Primero encontramos al fantasma, una sombra que hay en una plaza, y después a la mujer de la cabeza en la mano, que está en una puerta de la catedral y tiene el mismo pelo que nuestra profesora de Lengua española.

Buscábamos al chico con un cuchillo cuando vimos a muchas personas con rosas rojas en la mano. Nos pareció raro.

---

9 **coger fuerzas** – wieder zu Kräften kommen – 17 **un fantasma** ein Gespenst – 18 **un cuchillo** ein Messer – 23 **una sombra** ein Schatten

Santiago de Compostela
Catedral
Iglesia de San Pelayo
Plaza del Toral
N
O
E
S

—¿Es el día de los enamorados? —preguntó Óscar.

—Eso solo puedes preguntarlo tú —contestó Vane—. El día de los enamorados es en febrero, como todo el mundo sabe. Bueno, todo el mundo menos aquellas personas que solo piensan en comer chocolate y en los cómics.

—A lo mejor —dije yo —la rosa es una señal. Esa gente no se conoce y quedó por Internet para hacer algo.

—¿Para hacer qué? —preguntó Vane.

—Pues... no sé. A lo mejor hay otro asesinato aquí.

—¡Estupendo! —dijo Vane—. Tú no tienes que pensar en cómics, tú ya vives en uno. Además, ¿no ves que son señoras mayores? Las abuelas a lo mejor utilizan Internet para buscar recetas de cocina, pero normalmente no están en el Face Book.

—¿Y si las seguimos? —propuso Óscar —A mí también me gustaría saber qué pasa.

Nos pareció una buena idea y seguimos a aquella gente que entraban en una iglesia. Una señora de negro con un grano en la nariz nos explicó que era la iglesia de Santa Rita y que la gente lleva rosas a la santa para pedir deseos.

—¿Y los deseos se cumplen?— pregunté yo.

—Pues claro, joven. Santa Rita es famosa por eso —contestó la señora.

—¡Qué tontería! —dijo Vane. No sé cómo hay gente que cree en esas cosas en el siglo XXI.

— No se habla así a las personas mayores, niña.

—Perdone usted, señora, pero es que mi amigo pensaba que eran ustedes unas hackers y ahora vemos que no es verdad.

—¿Que éramos qué? —dijo la señora, un poco enfadada.

---

4 **menos** außer – 6 **una señal** ein Zeichen – 18 **un grano** hier: eine Warze – 20 **pedir deseos** sich etwas wünschen – 21 **cumplirse** in Erfüllung gehen – 24 **¡Qué tontería!** Was für ein Blödsinn!

—Y… ¿qué se puede pedir a Santa Rita? —interrumpí yo.
—Pues todas, todas las cosas. ¿Por qué me preguntas eso? ¿Tienes algún deseo secreto?— me preguntó.
—No, no…
—¡Cuidado! Si pides algo a Santa Rita, debes saber una cosa, joven.
—¿El qué?
—Ella siempre te da lo que pides —dijo, muy misteriosa —pero debes pagar. La santa te quita algo que tienes. No siempre es bueno conseguir lo que quieres, ¿sabes?
—Bueno, bueno —dijo Óscar. Usted perdone, señora, pero nos tenemos que ir. Mucha suerte con su amiga la santa.
Óscar me dijo que estaba muy blanco y me preguntó si estaba bien. Yo le contesté que aquella vieja y su historia me daban un poco de miedo.
Cerca de la iglesia, había una mujer que vendía rosas. Compré una.
—¡Oye! ¿Sabes una cosa? —dijo Vane, un poco misteriosa también. —Las rosas no son el mejor regalo para enviar por correo y ya no estamos en febrero.
—¿Qué dices? ¿De qué hablas? No voy a enviar la rosa por correo, es para Santa Rita. Voy a pedir un deseo.
—¿En serio? No me lo puedo creer ¿Qué deseo vas a pedir?
—¡Quiero aprobar el examen final de química!
—¡Qué dices! ¿Estás loco?
Y, enseguida, sin esperar la contestación de Vane, que ya la conozco y sé lo que va a decir, entré otra vez en la iglesia y dejé la rosa a los pies de la santa.
Al salir, Vane dijo que yo, a veces, parecía tonto. Yo dije que, a veces, pasan cosas misteriosas que no se pueden explicar. Nelson dijo que él también lo pensaba y que la vieja de la iglesia parecía una verdadera bruja. Vane dijo que era él tan

---

1 **interrumpir** unterbrechen – 5 **¡Cuidado!** Vorsicht! – 9 **quitar** wegnehmen – 10 **conseguir** erreichen – 15 **dar miedo** Angst einjagen – 19 **un regalo** das Geschenk – 29 **tonto, -a** dumm – 32 **una bruja** eine Hexe

tonto como yo. Óscar dijo que tenía hambre y que podíamos ir a un supermercado a comprar un poco de chocolate.
Así encontramos al hombre con el mundo a la espalda, una estatua de Atlas que hay cerca de un supermercado. Estábamos abriendo el nuevo paquete de chocolate cuando los profes nos llamaron al móvil. Todos nos estaban esperando y el profe de educación física dijo que siempre teníamos que ser los últimos. Fuimos a una pizzería y contamos nuestras aventuras a los compañeros. Nos reímos mucho. En resumen, lo pasamos muy bien y la excursión fue divertida. Cuando subimos al tren, Nelson dio las gracias a los profesores por aquel día tan «espantoso».
Álex

6 El examen

Querida Lisa:
Ya sé que para aprobar un examen lo mejor es estudiar la asignatura, no soy tan tonto. Esa historia de la rosa que te conté en mi carta era una broma, aunque nunca se sabe, a lo mejor funciona y Santa Rita me ayuda un poco. A veces pasan cosas así, misteriosas.
Yo quiero estudiar, pero es demasiado tarde y no entiendo ni una palabra. La física es bastante difícil y no trabajé nada en todo el curso, la verdad. Y si no apruebo, mi abuela no me deja ir a Berlín, puedes estar segura.
Como no podía dormir, ayer estaba en la cama pensando en este problema cuando tuve una idea estupenda.
—Necesito las preguntas del examen de física y química —me dije—. Mi compañero Borja es muy bueno con los ordenado-

1 **el hambre** der Hunger

res y seguro que puede entrar en el sistema del instituto y copiar el examen.
El único problema era que, como sabes, no me llevo muy bien con él.
—Bueno… —pensé— … la verdad es que Borja no se lleva bien con nadie. A lo mejor, también a él le gustaría tener un amigo en el instituto. Está siempre solo y eso es muy aburrido.
El jueves pasado estuve con él en el recreo. Normalmente, Borja pasa los recreos con su i-pod y sus libros raros. Así que estaba muy sorprendido de estar con una persona normal que le contaba cosas. Y, como es natural, mis amigos estaban más sorprendidos, porque esa persona era yo.
Borja parecía contento. Es un chico muy, muy delgado, tiene la piel muy blanca y normalmente lleva ropa negra, como mi amiga Vane. La gente cuenta muchas historias sobre él. Por ejemplo, dicen que vive en una casa que parece la de Drácula y que tiene una colección de huesos de personas en su habitación. Así que, cuando me invitó a ir a su casa el sábado, no me gustó mucho la idea.
La casa de Borja está bastante lejos de mi barrio. Para llegar tuve que coger un autobús que va al barrio donde vive la gente rica. Borja vive en una casa muy grande que da un poco de miedo. Cuando vi el edificio, pensé que de verdad vivía allí Drácula y me acordé de la historia de la colección de huesos. Por dentro la casa es moderna, con pocos muebles y muchas cosas de color gris.
Borja me invitó a tomar un chocolate y estuvo muy amable conmigo, la verdad. Creo que pasa demasiado tiempo solo. Después subimos a su habitación. Allí hay una televisión, un ordenador de mesa y un portátil. También tiene una colección de manga estupenda. Pero lo más interesante son sus estanterías. Están llenas de cosas interesantes: fósiles, minerales, medusas en formol, insectos, incluso hay un esqueleto de gato.

---

7 **aburrido, -a** langweilig – 10 **sorprendido, -a** überrascht – 17 **un hueso** ein Knochen – 23 **un edificio** ein Gebäude – 30 **un portátil** ein Laptop

—¡Qué guay! —dije —¿Dónde compraste estas cosas?

—¿Te gustan? —contestó, muy contento —Me las dio mi padre. Le encanta la naturaleza y viaja mucho porque es fotógrafo y periodista. Siempre me trae de sus viajes cosas de estas.

—Yo también tengo una colección. Son discos antiguos, con música de los años setenta. Eran de mis padres, por eso son algo muy especial para mí.

—Un día me los tienes que mostrar, aunque ese tipo de música no me gusta nada. A mí lo que me gusta de verdad es el hardcore.

—¿En serio? ¡A mí también! Conozco unos grupos alemanes estupendos.

Borja me contó que sus padres están divorciados, que su padre ahora vive en Estados Unidos y que su madre ahora está casada con otro hombre y tiene otros dos hijos. Estuvimos hablando mucho tiempo, y después jugamos una hora en el ordenador. La verdad es que lo pasé bastante bien, pero luego me acordé de que yo no estaba allí para pasarlo bien, sino para tener las preguntas del examen. Borja se enfadó un poco.

—Por eso hablas conmigo…—dijo, y yo sentí un poco de vergüenza.

Se levantó y fue hasta la ventana sin decir nada.

—Está bien, voy a ayudarte. Pero no va a ser gratis —me dijo después de unos minutos.

—¡Vaya! ¿Y qué puedo darte yo? Tú eres rico y tienes de todo.

—Quiero tu colección de discos.

Estaba empezando a caerme bien, pero ahora está claro que no vamos a ser amigos. Yo sé perfectamente que a él no le interesan mis discos. Al final tuve que decir que sí, así que él va a copiar las preguntas del examen, pero yo tengo que darle

---

14 **divorciado, -a** geschieden – 16 **casado, -a** verheiratet – 19 **sino** sondern – 21 **sentir vergüenza** peinlich sein

una de las cosas que más me gustan en el mundo. ¡Qué líos! ¡Ese viaje a Berlín me está costando caro!
Bueno, Lisa, un beso y hasta pronto.
Álex

7 Hago algo malo

¡Hola, Lisa!
Últimamente todo el mundo está enfadado conmigo por una cosa o por otra, incluso tú pareces enfadada en tu última carta. Ya sé que estoy haciendo cosas un poco feas, no tienes que decírmelo, pero es que ese viaje es muy importante para mí. No pienso quedarme aquí mientras mis amigos lo pasan bien en Berlín. Y esta es la primera y última vez que hago trampa en mi vida, te lo prometo.
A lo mejor mi idea no era muy bonita, pero funcionó bien. Como esperaba, Borja copió las preguntas. No es muy simpático, pero es una persona muy inteligente. No sé por qué suspende casi todas las asignaturas. Además, dice que él no va a utilizar esas preguntas para aprobar el examen de química. ¡Un misterio! Cada vez me parece más raro este chico.
El lunes por la tarde, después de las clases, quedamos en su casa. Él me dio las preguntas y yo le di los primeros veinte discos. La colección es de unos quinientos, por eso voy a tener que llevarle discos durante unos dos meses y voy a ver a Borja más de lo que me gustaría.
Yo estaba muy triste, pero a él no le di ninguna pena. Me abrió la puerta de la casa y no me permitió entrar.

---

11 **mientras** während –12 **hacer trampa** schummeln – 13 **prometer** versprechen – 16 **suspender** durchfallen – 25 **dar pena** leid tun

—Eres un hipócrita —me dijo —Ya sé que no te caigo bien y me parece fatal lo que haces. Hablar conmigo como un amigo cuando solo quieres utilizarme. ¡Es asqueroso!
—Bueno, Borja, las cosas tampoco son así —contesté, pero yo sabía que no estaba muy lejos de la verdad y la vergüenza puso mi cara muy roja y caliente. Incluso ahora que te lo estoy contando mi cara está roja otra vez. Eso sí, el miércoles hice un examen de química perfecto.
Borja está muy enfadado conmigo. Normal. Pero es que mis amigos también están enfadados, y esto no es tan normal y, además, no me gusta nada. Dicen que estoy muy raro, que parece que prefiero estar con Borja que con ellos.
—Si querías hacer amigos nuevos —me dijo Vane—, podías traer a tu colega al parque, no tenías por qué pasar de nosotros. A lo mejor lo que pasa es que ahora solo quieres estar con gente rica y nosotros somos poca cosa para ti.
Ellos no saben nada de mis problemas con la química, porque yo no le conté nada a nadie. Por primera vez en mi vida, no le conté nada a Óscar. Solo tú sabes todo lo que me pasa en estos momentos. Ya ves, casi puedo decir que ahora tú eres mi mejor amiga.
Y todavía hay más. También mi abuela está enfadada conmigo. No le gustó nada cuando supo que ya no tenía los discos de mis padres. Dice que yo nunca pienso en ella ni en las cosas que ella quiere, que soy un mal hijo y un mal nieto.
El único que está contento conmigo es don Evaristo, el profesor de química.
—Le felicito, Vázquez —me dijo —sabía que últimamente estaba usted estudiando, pero estoy sorprendido por su excelente examen. Es usted más inteligente de lo que parece, la pena es que es también un vago.

---

1 **un hipócrita** ein Heuchler – 3 **utilizar** ausnutzen – 3 **asqueroso, -a** widerlich – 14 **un colega** ein Kumpel –14 **pasar** hier: ignorieren – 25 **un nieto** ein Enkel – 31 **La pena es que...** Schade, dass ...

Ya te puedes imaginar que no me gustaron mucho estas palabras. Ya ves, en la misma semana me llamaron hipócrita, mal amigo, mal hijo, mal nieto, tonto y vago.

Y lo peor es que anda por mi cabeza una idea un poco rara. ¿Te acuerdas de mi excursión a Santiago y de Santa Rita, que te da las cosas que pides, pero te quita algo? Pues ahora estoy siempre pensando: «¿Y si funcionó esa historia tan misteriosa de la rosa? ¿Y si voy a aprobar la química por eso? ¿Y si ahora me van a quitar alguna cosa?»

A lo mejor te parece una tontería, pero a veces todo esto me da un poco de miedo. Yo creo en el misterio, ¿sabes? Por ejemplo, a veces te acuerdas de una persona que no ves desde hace mucho tiempo y ese día la encuentras en la calle. O un día te despiertas y parece que te va a pasar algo malo y pasa una cosa terrible. Yo creo que son experiencias que todo el mundo tiene alguna vez.

Bueno, ya ves que estos días lo estoy pasando un poco mal.

Espero tu próxima carta.

Un abrazo.

Álex

8 Estoy triste

Querida Lisa:

No sé cómo decirte esto. Bueno, voy a ser directo, es lo mejor: no voy a ir a Alemania. Estoy tan triste que no puedes ni imaginártelo.

Después de aprobar el examen, estuve muy mal. No podía dormir.

—Me están costando muy caros los favores de Santa Rita. —pensaba —Perdí mi colección de discos, hice cosas que me dan vergüenza... Y lo peor es que, a lo mejor, todavía tengo que pagar más.

Empecé a pensar qué más cosas podía quitarme: mi abuela, que ya es mayor; mis amigos, que todavía estaban enfadados conmigo; mis historias de manga, que ya no quería escribir ...

Pensé en lo bien que dormía antes de todo este lío.

No sé si se puede hablar con la santa y decir que no quieres lo que te dio, pero pensé que, a lo mejor, podía devolver aquel examen aprobado y tener de nuevo mi vida. Por eso, el lunes fui a ver a mi tutora y le conté todo (Bueno, casi todo. De Borja no dije nada).

Al principio estaba muy sorprendida. Después de estar un rato pensando con una cara muy triste, me dijo que era muy valiente y honesto. Por un momento pensé que todo iba a acabar bien, pero no.

—Esto no puede quedar así, Álex —dijo. —Lo que hiciste es algo muy malo. Vas a tener que hablar con don Evaristo para pedirle perdón. Y no vas a poder venir al viaje de fin de curso. Voy a llamar a tu abuela para decírselo.

Ya te puedes imaginar que mi abuela se enfadó muchísimo.

—Muy bien, señorito. Eres un vago y, además, haces trampas. Pues no hay viaje de fin de curso, no hay Internet, y no hay dinero para mangas en todo el verano. ¡Y ya puedes aprobar el examen en septiembre! —me dijo con unos ojos terribles.

Todavía está enfadada. Se pasa todo el día hablando sola en su alemán inventado y solo prepara coles de Bruselas para comer, porque sabe que no me gustan nada.

Tampoco fue divertido pedir perdón a don Evaristo.

Ya ves. No voy a ir al viaje y ya nunca te voy a conocer. Todo es horrible. Escribe pronto, por favor.

---

1 **los favores** die Dienste – 16 **valiente** mutig – 16 **honesto, -a** ehrlich – 17 **acabar** ausgehen – 20 **pedir perdón** sich entschuldigen – 28 **las coles de Bruselas** der Rosenkohl

9 En el chat

Álex: ¡Hola, Lisa!

Lisa: ¡Hola! ¿Qué tal todo?

Álex: Pues nada, aquí, comiendo coles de Bruselas.

Lisa: Bueno, por lo menos ya tienes Internet.

Álex: Nada de eso, es que estoy en casa de Borja. Le dije a mi abuela que íbamos a estudiar juntos y por eso me permitió venir.

Lisa: Pues si estudias así, vas a tener que llevar una rosa a Santa Rita para el examen de septiembre también.

Álex: No quiero ni pensarlo.

Lisa: Pues me parece que tienes que hacer algo más que chatear.

Álex: ¡Cómo eres! Si estudio todos los días con Borja... Es que estamos haciendo una pausa.

Lisa: Parece que ahora sois muy amigos.

Álex: Sí. Como su casa tiene piscina…

Lisa: Eso que estás diciendo es una cosa muy fea.

Álex: ¡Que es una broma! Borja es un buen chico, aunque tiene sus cosas raras, como todo el mundo. Y la semana pasada me devolvió mis discos.

Lisa: ¡Estupendo!

Álex: Y tú, ¿qué tal?

Lisa: Muy bien, hoy nos despedimos de tus amigos. Son muy simpáticos, sobre todo Vane. Mañana vuelven a España, es una pena porque lo pasamos muy bien.

Álex: No quiero ni oír hablar de eso. Cuando pienso que no pude ir al viaje… Ahora nunca te voy a conocer en persona.

Lisa: Que sí, hombre, que sí. Te voy a contar una cosa: Vane me invitó a ir a su casa el mes de agosto y mis padres dicen...

---

21 **devolver** zurückgeben

Álex: ¿¿¿En serio??? ¿¿¿Tus padres dicen queee…???

Lisa: Mis padres dicen que SÍ. ☺

Álex: ¡¡¡No!!! ¿De verdad?¡No me lo puedo creer! ☺ ☺

Lisa: Que sí, hombre, que sí.

Álex: Pues entonces… Mira, ayer te mandé otra carta. Va a llegarte el viernes, pero ahora pienso que no debes leerla.

Lisa: ¿Por qué?

Álex: Es que te decía una cosa que… ahora me da vergüenza.

Lisa: Está bien. Si tú no quieres, no la leo.

Álex: Gracias. Eres estupenda, Lisa.

Lisa: Mira, Álex, vamos a hacer una cosa. Vamos a tocar los dos en la pantalla al mismo tiempo. Si tocamos en la misma parte, significa que nos vamos a ver muy pronto.

Álex: ¡Anda! Parece que tú también crees en los misterios…

Lisa: ¡Claro!

Álex: Bueno, vamos a tocar. ¡Ya!

…

Álex: ¿Donde estás tocando, Lisa?

Lisa: En la parte de arriba y a la izquierda, ¿y tú?

Álex: Yo también, arriba y a la izquierda, justo donde está el corazón. ❤

Lisa: ☺ ☺ ☺

1 Vivo en Vigo

1. Contesta las siguientes preguntas:

a) La persona que escribe, ¿es un chico o una chica?

____

b) ¿Por qué lo sabes? Razona tu respuesta.

____

2. Marca si las siguientes afirmaciones sobre el texto son verdaderas (v) o falsas (f).

	v	f
a) Vigo está en el centro de España.		
b) El clima de Vigo es húmedo.		
c) El verano es muy seco.		
d) Julio Verne vivió en Vigo.		
e) En Vigo se come mucho pulpo.		
f) Los vigueses eran tan piratas como los ingleses.		
g) Los ingleses se llevaron el oro de los galeones.		
h) En el parque de la ciudad hay un galeón.		
i) Álex habla bien inglés.		

3. Busca en Internet la siguiente información sobre Vigo:

a) ¿Cómo se llama el equipo de fútbol de la ciudad?

____

b) ¿Se puede ir a Alemania desde el aeropuerto de Vigo?

____

c) ¿Qué otro nombre tiene el Museo Verbum?

____

2 Este soy yo

Marca qué cosas le gustan a Álex.

1. Tocar el violonchelo ☐
2. Jugar al tenis ☒
3. Ver fútbol ☒
4. Jugar al fútbol ☐
5. Leer ☐
6. Dibujar manga ☒
7. Ir al cine ☐
8. Ir a la playa ☒

3 Mis amigos

1. Escribe qué compañero o compañeros (Vane, Óscar, Nelson) de Álex es/son.

No habla mucho.	__________	Dibuja.	__________
No es español.	__________	Es gordito.	__________
Tiene el pelo rojo.	__________	Tiene un perro.	__________

2. Busca qué expresiones usa Álex para decir:

a) Le gustan las mismas cosas que a Lisa.

____

b) Quiere ir a Berlín.

____

c) Normalmente, tiene buena relación con la gente.

____

d) No le gusta Borja.

____

3. Mira el dibujo de la página 9 y di quién es Álex.

____

4 Planes de excursión

Marca si las siguientes afirmaciones sobre el texto son verdaderas (v) o falsas (f).

	v	f
1. Lisa fue a la nieve con su instituto.		
2. Álex va a una ciudad turística.		
3. Los chicos van a hacer el camino en un mes.		
4. Los chicos van a pie desde Vigo.		
5. Está prohibido tocar las estatuas de la catedral.		
6. Hay una calle menos en el barrio antiguo.		
7. Los profesores creen que Álex es muy buen estudiante.		

5 En Santiago

1. Pon estas cosas en orden según el texto.

   - ☐ Los chicos conocieron a una señora de negro.
   - ☐ Hicieron 10 kilómetros a pie.
   - ☐ Vieron el fantasma.
   - ☐ Cogieron un tren.
   - ☐ Les dieron unos mapas.
   - ☐ Álex compró una rosa.

2. Con ayuda de un buscador de Internet intenta encontrar las cosas que tienen que buscar Álex y sus amigos en Santiago. Usa palabras clave, por ejemplo : «fantasma + Santiago de Compostela + sombra».

3. En este capítulo hay muchos nombres de partes del cuerpo. ¿Cuántos puedes recordar?

6 El examen

Contesta las siguientes preguntas.

1. ¿Qué plan tiene Álex para aprobar el examen?

____

____

2. ¿Qué cuenta Álex de Borja?

____

____

3. ¿Cómo reacciona Borja a los planes de Álex?

____

____

7 Hago algo malo

Relaciona a los personajes con las frases de la otra columna.

Álex	a)	Piensa que Álex no debió dar los discos a otra persona.
Don Evaristo	b)	Piensa que Álex ya no quiere a sus amigos de siempre.
La abuela	c)	Piensa que Álex es inteligente, pero poco trabajador.
Borja	d)	Piensa que Álex es falso.
	e)	Tiene vergüenza.
Vane	f)	Piensa que Álex no quiere a su familia.

8 Estoy triste

Marca cuál es la opción correcta en cada caso.

1. Álex, al final, cuenta todo a su profe porque…
   a) … es muy honesto y piensa que copiar está mal. ☐
   b) … cree que hay algo misterioso y que tiene que pagar. ☐
   c) … si estudia, va a estar más contento con su aprobado. ☐

2. Álex no va al viaje de fin de curso porque…
   a) … lo dice su abuela. ☐
   b) … lo dice su tutora. ☐
   c) … lo dicen las dos. ☐

9 En el chat

1. No conocemos la novena carta de Álex, pero ¿qué crees que Álex le dice a Lisa en su última carta?

   ____

   ____

   ____

   ____

2. Imagina que eres el penfriend de uno de los personajes del libro. Escríbele un e-mail para presentarte.